Einsterns Schwester

2

W0413244

Themenheft 1

Sprachgebrauch und Sprache untersuchen und reflektieren

Herausgegeben und erarbeitet von
Roland Bauer, Jutta Maurach

In Zusammenarbeit mit
der Redaktion Grundschule Deutsch 2–4

Cornelsen

Inhaltsverzeichnis

6 Oberbegriffe und Wortfelder

7 Zusammengesetzte Wörter

8 Sätze

9 Entdeckungen bei Sprache und Schrift

So kannst du mit den Heften arbeiten

Du machst alle
Seiten der Lernportion 1.

Zuerst im
grünen Heft.

Dann im
roten Heft.

Dann im
gelben Heft.

Und dann im
blauen Heft.

Danach machst du in
allen Heften die Lernportion 2.

Nun machst du in
allen Heften die Lernportion 3.

Genauso bearbeitest du
alle anderen Lernportionen.

In diesem Heft
kannst du den
Grundwortschatz
vertiefend üben.

1. Trage die Namen der Kinder in die Tabelle ein.
Unterstreiche die großen Anfangsbuchstaben.

Mädchen	Jungen
Lisa ✓	

2.

Wörter für Menschen sind **Nomen** (**Substantive**).
Nomen schreibe ich groß:
die Mama, der Nachbar, das Kind.

1 Trage die Nomen für Verwandte unten ein.
Unterstreiche die großen Anfangsbuchstaben.

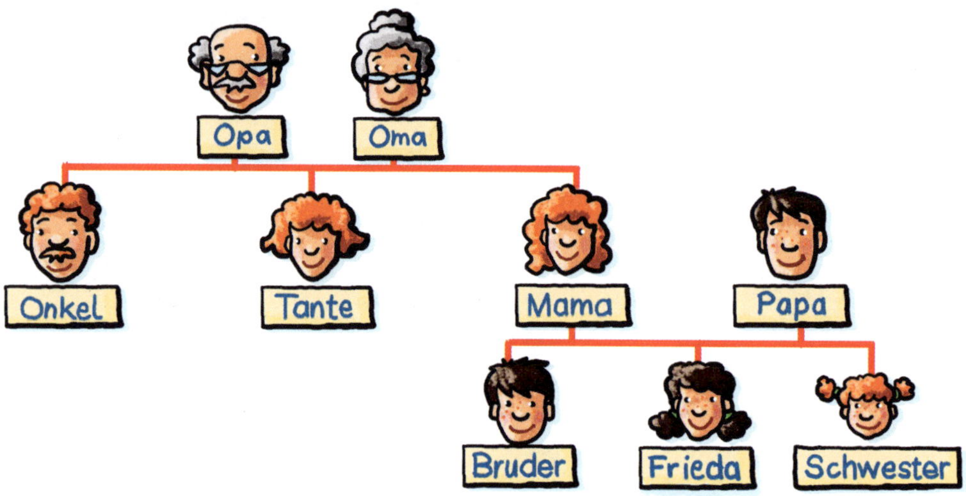

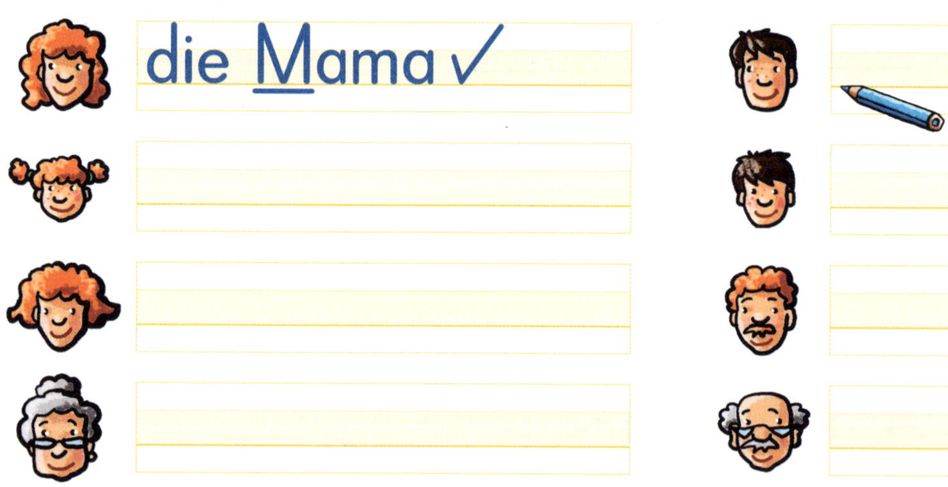

die Mama ✓

2 Finde weitere Nomen für Menschen.
Unterstreiche die großen Anfangsbuchstaben.

Nomen für Menschen schreiben

① Ordne jedem Bild das passende Nomen zu.
Unterstreiche die großen Anfangsbuchstaben.

| die ~~Busfahrerin~~ | die Verkäuferin | der Frisör | die Lehrerin |
| der Bäcker | die Ärztin | der Koch | der Bauer |

die Busfahrerin ✓

② Finde noch andere Berufe.

Die weibliche Form
hat meist die Endung **in**.

Heft 1, S. 7 ②
...

Wörter für Tiere sind **Nomen** (**Substantive**).
Nomen schreibe ich groß:
die Ameise, der Fisch, das Zebra.

(1) Male zu den Tieren die passenden Silben an.
Schreibe die Nomen für die Tiere auf.
Unterstreiche die großen Anfangsbuchstaben.

Flie	Am	Mö	Spin	Ka	Nas
we	ge	sel	ter	horn	ne

die Fliege,

(2) Finde in der Wörterschlange sechs Nomen für Tiere. Schreibe sie auf.
Unterstreiche die großen Anfangsbuchstaben.

L U C H S | W U R M K U H S C H L A N G E F I S C H P O N Y

der Luchs,

1. Schreibe nur die Nomen für Tiere auf.
Unterstreiche die großen Anfangsbuchstaben.

der Esel,

2. Setze die passenden Tiernamen ein.
Unterstreiche die großen Anfangsbuchstaben.

Die Katze jagt Mäuse.

Der ______ hat lange Ohren.

Der ______ schwimmt im Wasser.

Der ______ hat eine Mähne.

Der ______ krabbelt auf dem Blatt.

Der ______ hat einen Schnabel.

MK-Tipp: sich in Tierlexika oder mit Hilfe einer Kindersuchmaschine im Internet über Eigenschaften von Tieren informieren

Wörter für Pflanzen sind **Nomen** (**Substantive**).
Nomen schreibe ich groß:
die Rose, der Apfelbaum, das Gras.

1 Verbinde jedes Bild mit dem passenden Nomen.
Unterstreiche die großen Anfangsbuchstaben.

der Busch | der Birnbaum | die Rose | die Tanne

der Apfelbaum | die Tulpe | der Löwenzahn | das Gras

2 Schreibe einige Sätze zum Bild.
Unterstreiche die Nomen.

Heft 1, S. 10 ②
Im Garten ...

1 Nomen für Dinge kennenlernen

Laptop, Tablet, Smartphone: Diese Nomen kommen aus dem Englischen. Du sprichst sie anders aus, als du sie schreibst.

Wörter für Dinge
sind **Nomen** (**Substantive**).
Nomen schreibe ich groß:
die Butter, der Käse, das Messer.

(1) Markiere die Nomen für Dinge.

die Raupe | die Pizza | das Baby | der Keks | die Flasche

die Blume | die Gabel | der Faden | der Frosch | der Löffel

(2) Ordne jedem Bild das passende Nomen zu.

A 

B 

C 

D 

E 

F 

das Tablet | ~~der Laptop~~ | das Smartphone

der Fernseher | das Radio | der MP3-Player

A: der Laptop, B:

(1) Finde in jedem Rahmen zwei Nomen für Dinge. Kreise sie ein und schreibe die Nomen in dein Heft.

Heft 1, S. 12 ①
A: Puppe, ...
...
B: ...
...
C: ...
...

A **Dinge im Kinderzimmer**

M B P U P P E A F L I N R A U T O E

F B A L L I N P A S N T E D D Y B

B **Dinge in der Schultasche**

R N H E F T A E T B U C H E O

N F T S T I F T F A F Ü L L E R

C **Dinge im Kleiderschrank**

S K L E I D F T N A M M A N T E L O

A H O S E D F G I K S O C K E N O

(2) **Dinge in der Wohnung**

① Kreise in jeder Reihe zwei Nomen ein. Schreibe sie auf.

	VOGEL	STECHEN	Korb
	KLEIN		
	SCHÖN	WALD	
BÄCKER		SCHNELL	

② Erkläre einem Partnerkind, wie du bei ① vorgegangen bist.

③ Schreibe den Text in dein Heft.
Ersetze die Bilder durch passende Nomen.
Unterstreiche alle Nomen.

Heft 1, S. 13 ③
Mia geht ...

Mia geht mit ihrer Mutter in den  .

Sie wollen  sammeln und haben einen  dabei.

Mia entdeckt in einem  einen kleinen .

2 Bestimmte Artikel kennenlernen

Nomen haben **bestimmte Artikel**:
<u>der</u> Bagger, <u>die</u> Bahn, <u>das</u> Schiff.

① Schreibe unter jedes Bild das passende Nomen mit Artikel.
Unterstreiche die bestimmten Artikel.

~~der Bagger~~ | das Boot | der Bus | das Schiff | das Auto | die Bahn

<u>der</u> Bagger ✓

②

1. Gestalte ein Plakat.
Ordne die Nomen nach
ihrem bestimmten Artikel.

Elefant	Katze	Pferd	
Rüssel	Tatze	Zahn	Hummel
Ohr	Schwanz	Fell	Bein

2. Ergänze die Tabelle auf
deinem Plakat aus 1.
Finde zu jedem Artikel weitere Nomen.

3. Ergänze in jedem Satz
das passende Nomen mit Artikel.
Unterstreiche die bestimmten Artikel.

~~Katze~~	Pferd	Hummel	Elefant

<u>Die</u> __________ schnurrt zufrieden.

Mit seinem Rüssel trompetet __________ .

Wenn sie fliegt, brummt __________ .

Vier Hufeisen braucht __________ .

Nomen haben auch **unbestimmte Artikel**:
ein Hafen, ein Lied, eine Kirsche.

1 Trage die Nomen passend in die Tabelle ein.

~~Lied~~ Kirsche Dachs Hafen Nest

Schere Ziege Zeh Blatt Insel Turm

Giraffe Schlitten Brille Pflaume Gabel

ein	eine
Lied ✓	

2 Bestimmte und unbestimmte Artikel einsetzen

(1) Ergänze in den Sätzen der, die, das oder ein, eine.

Im Gras liegt ein Ball.

Es ist ______ rote Ball von Matteo.

Marta braucht heute ______ Jacke.

Sie nimmt ______ Jacke mit der Kapuze.

Viktor wünscht sich ______ Rennbahn.

Er mag ______ Rennbahn mit den vielen Kurven.

(2) Schreibe den Text in dein Heft.
Setze der, die, das oder ein, eine passend ein.

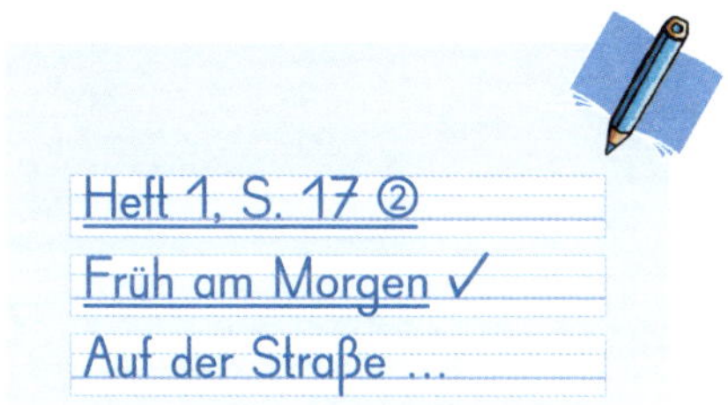

Früh am Morgen

Auf ___ Straße vor Tines Haus hört man ___ Fahrzeug mit viel Lärm vorbeifahren. Das ist bestimmt ___ Schulbus um 7:00 Uhr, denkt Tine. Kurz darauf hört sie ___ Auto. Es klingt wie ___ Auto von Herrn Schneider. Im Schlafzimmer klingelt erst ___ Wecker und dann pfeift ___ Wasserkessel in der Küche. Tines Bruder rennt ___ Treppe hinunter und poltert dabei wie ___ Nilpferd. Jetzt sind alle wach.

Nomen gibt es in der **Einzahl** und in der **Mehrzahl**.
Der bestimmte Artikel von Mehrzahlwörtern ist **die**:
der Arm – die Arme, das Bein – die Beine.

(1) Ordne Einzahl- und Mehrzahlwörter zu.
Es entstehen zwei Lösungswörter.

1	der Arm	2	der Ring	3	das Bein	4	der Kopf
5	der Strumpf	6	der Hals	7	der Schuh		
S	die Arme	R	die Köpfe	E	die Ringe	H	die Beine
U	die Hälse	T	die Schuhe	G	die Strümpfe		

1	2	3	4		5	6	7
S	___	___	___		___	___	___ !

Lösungswörter: S ___ ___ ___ ___ ___ ___ !

(2) Schreibe zu jedem Bild die Mehrzahl auf.
Unterstreiche die Endung e.

die Schuhe

______

______

______

______

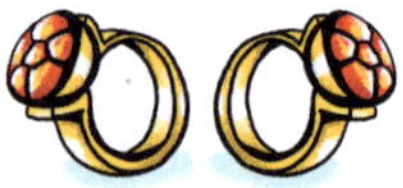
______

① Lies den Text einem Partnerkind vor.
Kreuze das passende Bild an.
Besprecht, woran man das passende Bild erkennt.

Zwei Jungen laufen an einem Frühlingstag zum See.
Am Wegrand beobachten sie kleine Schnecken zwischen den Blumen.
Beide Jungen tragen karierte Hosen, Brillen, Mützen und Jacken.
Die Fliegen fliegen, die Wolken spiegeln sich im Wasser und
die Enten schauen die Jungen neugierig an.

② Trage alle zehn Mehrzahlwörter aus ① in eine Tabelle ein.
Unterstreiche die Endung n.

Heft 1, S. 19 ②+③+④

Mehrzahl	Einzahl
viele Jungen	ein Junge
viele Schnecken	eine Schnecke
...	...

③ Ergänze in der Tabelle aus ② die Nomen in der Einzahl.

④ Finde weitere Mehrzahlwörter mit n.
Ergänze die Tabelle aus ②.

3 Mehrzahlwörter mit **er** entdecken

① Kreuze zu jedem Bild den passenden Satz an.
Notiere das Lösungswort.

- ○ B Mia hat viele schöne Bilder gemalt.
- ○ L Mia hat ein schönes Bild gemalt.

- ○ K Mama hat ein neues Kleid gekauft.
- ○ O Mama hat zwei neue Kleider gekauft.

- ○ P Damir hat ein Buch ausgeliehen.
- ○ L Damir hat drei Bücher ausgeliehen.

- ○ A Papa hat ein Ei gebraten.
- ○ E Papa hat vier Eier gebraten.

1 2 3 4

Lösungswort: ___ ___ ___ ___

② Ordne die Nomen für Dinge aus ① im Heft.
Unterstreiche die Endung er.

③ Finde weitere Mehrzahlwörter mit er.
Ergänze die Tabelle aus ②.
Die Wörterliste hilft dir dabei.

Heft 1, S. 20 ②+③

Einzahl	Mehrzahl
ein Bild ✓	viele Bilder ✓
...	...

3 Mehrzahlwörter ohne Veränderung kennenlernen

(1)

(2) Verbinde Einzahl und Mehrzahl.
Trage die Nomen passend in eine Tabelle ein.

der Besen	die Brötchen
das Brötchen	die Besen
der Finger	die Computer
das Fenster	die Finger
der Computer	die Fenster

Heft 1, S. 21 ②+③

Einzahl	Mehrzahl
der Besen ✓	die Besen ✓
...	...

(3) Findet weitere Mehrzahlwörter ohne Veränderung.
Ergänzt die Tabelle aus (2).
Die Wörterliste hilft euch dabei.

1. Finde alle Mehrzahlwörter. Kreise sie ein.

die Blätter	die Eule	die Wolken	die Gabel	das Messer
die Worte	die Schere	die Telefone	der Fisch	das Flugzeug
die Vögel	die Pflanzen	die Puppe	der Löffel	die Straßen

2. Schreibe die Mehrzahlwörter aus 1 in der Einzahl auf.

das Blatt,

3. Schreibe zu zwei Mehrzahlwörtern aus 1 je einen Satz.

4.

Verben sagen, was Menschen, Tiere, Pflanzen und Dinge tun:
essen, bellen, blühen, rollen.
Verben schreibe ich klein.

(1) Schreibe zu jedem Bild das passende Verb auf.

trinken	schlafen	schneiden	malen
essen	rechnen	lesen	schreiben

trinken ✓

(2)

1 Verbinde Nomen und Verben passend.

MP3-Player	hö	men
Drucker	fil	cken
Kamera	dru	ren
Tablet	le	len
Spielkonsole	spre	sen
Mikrofon	spie	chen

2 Schreibe drei sinnvolle Sätze auf.

Greta	liest	in das Mikrofon.
Emet	filmt	auf dem Tablet.
Samuel	spricht	mit der Kamera.

Greta

1 Unterstreicht in jedem Rahmen das Verb rot und das Nomen blau. Nutzt die Erklärungen der Kinder.

WOLF ★ HEULEN	KICKEN ★ BALL	WIESE ★ BLÜHEN
RÄTSEL ★ RATEN	LACHEN ★ KIND	PFEIL ★ FLIEGEN

2 Unterstreiche im Text alle Nomen blau und alle Verben rot und schreibe sie auf.

MAX GEHT AUS DEM HAUS. DIE SONNE SCHEINT.
ER NIMMT SEIN RAD UND FÄHRT ZUM SEE.

Nomen:

Verben:

Lernportion 4: Verben

Plenum: beschreiben, wie anhand der verschiedenen Merkmale Nomen und Verben erkannt und unterschieden werden können

Verben verändern sich, je nachdem, wer etwas tut:

Ich singe.	Wir singen.
Du singst.	Ihr singt.
Er/Sie/Es singt.	Sie singen.

① Kreise ein, was du gern tust.
Schreibe Sätze und unterstreiche die Verb-Endung.

baden	spielen	bauen	telefonieren	kochen
malen	schreiben	rennen	schwimmen	singen

Ich ______ gern.

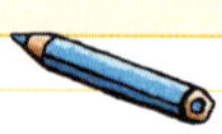

Ich ______

② Finde weitere Verben.
Schreibe sie in der Ich-Form
und in der Du-Form in eine Tabelle.

Ich reise gern.

Heft 1, S. 26 ②

Ich-Form	Du-Form
ich ...	du ...

4 Verben in der Er-Form und Sie-Form bilden

① Tim bereitet zusammen mit Oma einen Nudelauflauf zu.
Ergänze die richtigen Verbformen.

kochen	Er kocht die Nudeln.
gießen	Sie ______ das Wasser durch das Sieb.
füllen	Er ______ die Nudeln in eine Form.
schneiden	Sie ______ die Pilze.
mischen	Er ______ die Nudeln und die Pilze.
reiben	Sie ______ den Käse über die Nudeln.
schieben	Er ______ die Form in den Ofen.

② Lisa beschreibt, wie sie einen Apfelkuchen backt.
Schreibe in der Sie-Form auf, was Lisa tut.

Heft 1, S. 27 ②
Sie verrührt Eier, Butter
und Zucker.
Sie ...

Ich verrühre Eier, Butter und Zucker.

Ich siebe Mehl in die Schüssel.

Ich knete den Teig.

Ich rolle den Teig aus.

Ich schneide die Äpfel.

Ich lege die Apfelstücke auf den Teig.

Ich schiebe den Kuchen in den Ofen.

①

② Schreibe einige Sätze aus ①
in der Wir-Form und in der Ihr-Form auf.
Unterstreiche die Verb-Endungen.

Wir tanzen zusammen. Ihr t

① Erstelle mit einem Partnerkind ein Plakat mit den unterschiedlichen Verbformen.

②

⚀	ich	⚀	spielen
⚁	du	⚁	turnen
⚂	er, sie, es	⚂	bauen
⚃	wir	⚃	singen
⚄	ihr	⚄	malen
⚅	sie	⚅	hüpfen

Adjektive sagen, **wie** etwas ist:
nass, rund, lang.
Adjektive schreibe ich klein.

(1) Finde zu jedem Nomen das passende Adjektiv.
Male die Paare jeweils mit der gleichen Farbe an.

A	Ball	B	Giraffe	C	Kissen
D	Gemüse	E	Musik	F	Koffer

schwer | weich | rund | laut | gesund | groß

(2) Schreibe Sätze mit den Nomen und Adjektiven aus (1).
Unterstreiche die Adjektive.

A: Der Ball ist rund.

B:

① Sieh dir das Bild an.
Verbinde jedes Nomen mit dem passenden Adjektiv.

Tasche	rot
Pullover	braun
Hose	grau
Mantel	grün

Haare	blau
Augen	schwarz
Knöpfe	lockig
Stiefel	rund

② Schreibe passende Sätze zu ①.
Unterstreiche die Adjektive.

Heft 1, S. 31 ②
Die Tasche ist braun.
...

③

① Ordne die Gegensätze in die Tabelle ein.

~~alt~~ | süß | gesund | dick | reich | viel | richtig

arm | jung | falsch | sauer | dünn | krank | wenig

alt ✓	⟷	
	⟷	
	⟷	
	⟷	
	⟷	
	⟷	
	⟷	

② Schreibe die Sätze vollständig auf.
Unterstreiche die Gegensätze.

Heft 1, S. 32 ②
A: Feuer ist nicht kalt, sondern heiß.
B: ...

A Feuer ist nicht kalt, sondern ___ .

B Kinder sind nicht alt, sondern ___ .

C Die Schnecke ist nicht schnell, sondern ___ .

D Federn sind nicht schwer, sondern ___ .

E Licht ist nicht dunkel, sondern ___ .

Adjektive können sich verändern:
krank – der kranke Franz.

1 Verbinde jedes Bild mit dem passenden Adjektiv.

 Finja ist	 Greta ist	 Igor ist	 Marie ist	 Fritz ist	 Ella ist

krank. | lustig. | stark. | traurig. | erschrocken. | wütend.

2 Schreibe die Adjektive aus 1 vor die Nomen.
Unterstreiche die Endungen.

 die lustige Finja

① Lies die Rätsel.
Schreibe die Lösung auf.

A

Es ist lang,
es ist spitz,
man schreibt damit.
Es ist ...

ein

B

Es ist rund,
es ist hohl,
es kann hüpfen.
Es ist ...

② Schreibe selbst ein Rätsel. Du kannst dazu aus den Bildern ein Nomen auswählen. Beschreibe das Nomen mit passenden Adjektiven. Unterstreiche die Adjektive.

Heft 1, S. 34 ②
Es ist ...

③

Für Nomen, die zusammengehören, gibt es einen **Oberbegriff**:
Apfel, Banane und Kirsche sind Obst.
Montag, Mittwoch und Sonntag sind Wochentage.

① Schreibe die Nomen passend zu den Oberbegriffen in die Tabelle.

~~Hammer~~ Puppe Säge Teddy

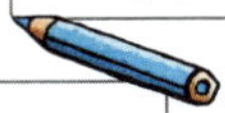

Eisenbahn Ball Schere Zange

Spielzeug	Werkzeug
	Hammer ✓

② Streiche in jeder Zeile das Nomen, das nicht zum Oberbegriff passt.

Lebensmittel  Brot Hemd Quark Salat

Medien  Smartphone Laptop Schaufel Radio

Möbel  Sessel Tisch Bett Segel

Nomen zu Oberbegriffen und Oberbegriffe finden

1 Finde zu den Nomen den passenden Oberbegriff.

Auto | Bus | Lastwagen

Hose | Hemd | Bluse | Pullover

Meerschweinchen | Katze | Hund

2 Bestimme selbst einen Oberbegriff und finde möglichst viele passende Nomen dazu.
Beispiele: Möbel, Gebäude, Lebensmittel …

Oberbegriff:

3 Überlege, nach welchen Oberbegriffen du die Nomen sortieren kannst.
Vergleiche mit einem Partnerkind. Besprecht eure Vorgehensweise.

Tee

Limonade

Pudding

Sprudel

Jogurt

Spinat

Salat

Kaffee

Leberwurst

Wörter mit einer ähnlichen Bedeutung bilden ein **Wortfeld**:
sagen, flüstern und erzählen gehören zum Wortfeld sprechen.

1 Markiere die Verben der Wortfelder sprechen und sehen mit zwei verschiedenen Farben.

schauen | rufen | betrachten | brüllen | beobachten | sagen

erzählen | blicken | flüstern | gucken | reden

2 In jeder Zeile passt ein Verb nicht zum Wortfeld. Kreise es ein.

Wortfeld essen	schmatzen	kauen	schnarchen	schlürfen
Wortfeld geben	schenken	träumen	liefern	überreichen
Wortfeld malen	dösen	zeichnen	färben	anstreichen
Wortfeld streiten	zanken	kämpfen	raufen	schlummern

3 Schreibe die in 2 eingekreisten Verben auf. Ergänze das Wortfeld, zu dem sie gehören.

Wortfeld

6 Verben eines Wortfeldes untersuchen

1

2 Wähle die passenden Verben aus und ordne zu.

| schleichen, huschen | ~~wandern, spazieren~~ |
| trampeln, stampfen | rennen, sausen |

durch die Landschaft gehen

wandern,

laut gehen

schnell gehen

leise gehen

3 Gestalte zusammen mit einem Partnerkind zu einem anderen Verb ein Plakat wie in 1.

6 Mit Wortfeldern und Oberbegriffen umgehen

(1) Lies den Text.
Unterstreiche vier Verben aus dem Wortfeld sprechen
und drei Verben aus dem Wortfeld sehen.

Amir und Kira entdecken auf dem Gehweg einen großen schwarzen Käfer. Sie betrachten ihn genau und beobachten, wie er schnell in Richtung Straße krabbelt. „Halt, pass auf!“, ruft Kira, als ein anderes Kind sich nähert. „Wir müssen ihn retten“, sagt Amir. Er nimmt den Käfer vorsichtig auf die Hand und trägt ihn auf die Wiese. Zu Hause erzählen die beiden von ihrem Erlebnis. Die Mutter lobt: „Das habt ihr gut gemacht.“

(2)

Lernportion 6: Oberbegriffe und Wortfelder

Plenum: im Rahmen von Ratespielen passende Nomen zu Oberbegriffen nennen (und umgekehrt) und zu Wortfeldern passende Verben nennen (oder umgekehrt)

Zusammengesetzte Nomen beschreiben Dinge genauer:
Ball – Fußball, Kuchen – Apfelkuchen.
Zusammengesetzte Nomen schreibe ich am Wortanfang groß.

(1) Schreibe die zusammengesetzten Nomen auf.
Unterstreiche die großen Anfangsbuchstaben.

Das erste Nomen beschreibt das zweite Nomen genauer.

Kuchen

Teller

Form

Teig

Kuchenteller

Apfel

Käse

Nuss

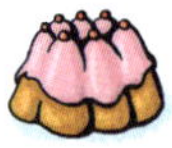
Kuchen

(2) Finde zusammengesetzte Nomen mit Brot und Suppe.

(3) Finde selbst weitere zusammengesetzte Nomen.

Heft 1, S. 40 ②+③
Brot: Butterbrot, Vollkornbrot, …
Suppe: …
…

1 Unterstreiche die Nomen, die genauer beschrieben werden.
Schreibe diese Nomen mit Artikel auf.

A
der Regentropfen — der Tropfen
das Regenwasser
der Regenschirm

B
die Windmühle
das Windrad
die Windjacke

C
die Schneeflocke
der Schneeball
der Schneeanzug

2 Betrachte die Artikel der Nomen, die genauer beschrieben werden,
und die Artikel der zusammengesetzten Nomen.
Besprich deine Entdeckungen mit einem Partnerkind.

3

Vorsilben sind Wortbausteine.
Vorsilben verändern die Bedeutung von Wörtern:
schlafen, einschlafen, ausschlafen,
schreiben, verschreiben, vorschreiben.

① Setze passende Verben mit den Vorsilben ein und aus ein.

ein | aus | schlafen | packen | schalten

Manchmal kann ich abends nicht einschlafen.

Dann möchte ich am Morgen ______.

Vor der Sendung werde ich den Fernseher ______.

Nach der Sendung muss ich ihn ______.

Vor der Reise müssen wir unsere Sachen ______.

Nach dem Urlaub werden wir sie wieder ______.

② Bilde mit den Vorsilben be, zer und über je zwei zusammengesetzte Verben.

kommen | teilen | reißen | grüßen | legen | holen

Heft 1, S. 42 ②
be: bekommen, …
zer: …
über: …

Lernportion 7: Zusammengesetzte Wörter

Plenum: an Beispielen beschreiben, wie unterschiedliche Vorsilben die Bedeutung von Verben verändern; die unterschiedlichen Bedeutungen erklären

③ Lies abwechselnd mit einem Partnerkind.
Setzt in jedem Kasten einmal die Vorsilbe ver und einmal die Vorsilbe vor ein.

ein Gedicht vor sprechen

einem Freund etwas ______ sprechen

sich nach einem Streit ______ tragen

ein Lied ______ tragen

die Stimme ______ stellen

die Freundin ______ stellen

sich im Heft ______ schreiben

jemandem etwas ______ schreiben

④ Besprecht die unterschiedlichen Bedeutungen der Verben aus ③.

⑤ Findet weitere Beispiele mit den Vorsilben ver und vor wie in ③.

Ein **Aussagesatz** erzählt, was geschieht.
Den Satzanfang schreibe ich immer **groß**.
Am Satzende mache ich einen **Punkt**.
Auf dem Tisch stehen Teller.

(1) Schreibe Aussagesätze.
Denke an den großen Buchstaben am Satzanfang
und den Punkt am Satzende.

| eine Sandburg | ~~Tim~~ | baut |

Tim

| ihm | hilft | seine kleine Schwester |

| legt | Papa | auf den Grill | die Würstchen |

| die Zeitung | liest | Mama |

| genießen | den Sommertag | alle |

1 Lies die Satztreppen abwechselnd mit einem Partnerkind.

a) Tim liest.

Tim liest abends.

Tim liest abends mit der Taschenlampe.

Tim liest abends mit der Taschenlampe unter der Bettdecke.

b) Lisa spielt.

Lisa spielt im Garten.

Lisa spielt im Garten mit ihrem Bruder.

Lisa spielt im Garten mit ihrem Bruder Fußball.

2 Schreibe Satztreppen.
Setze an jedem Satzende einen Punkt.

Heft 1, S. 45 ②
Lisa träumt. ✓
Lisa träumt oft. ✓
...

Lisa träumt | oft | vom Urlaub | am Meer

Imo schläft | immer | im Korb | an der Tür

3 Denke dir eine Satztreppe aus
und schreibe sie auf.

Heft 1, S. 45 ③
...

Fragesätze kennenlernen

Ein Satz, mit dem man etwas fragt, heißt **Fragesatz**.
Danach steht ein **Fragezeichen**.
Wie alt bist du ? Lesen Sie gern ?

Sie ist eine höfliche Anrede für Erwachsene.

1 Lisa stellt ihrer Lehrerin Fragen.
Ordnet den Antworten die Nummern der Fragen passend zu. Lest mit verteilten Rollen.

1 Wie alt sind Sie?

2 Wo wohnen Sie?

3 Haben Sie Kinder?

4 Was machen Sie in Ihrer Freizeit am liebsten?

5 Wohin fahren Sie in den Urlaub?

___ Ja, ich habe zwei Söhne.

1 Ich bin 45 Jahre alt.

___ Ich wohne in einem alten Bauernhaus.

___ Meine Ferien verbringe ich gern am Meer.

___ Am liebsten gehe ich tanzen oder treibe Sport.

2 Stellt selbst Fragen für ein Interview zusammen.
Wählt eine Person, zum Beispiel den Hausmeister, eine Nachbarin …

Heft 1, S. 46 ②
…

Lernportion 8: Sätze

MK-Tipp: ein Interview aufnehmen

AH 59

① Ergänze einen Punkt oder ein Fragezeichen.

A
In welcher Jahreszeit
kann man
Schlitten fahren ?

B
Was ist Schnee ___

C
Schnee ist Wasser,
das zu Eiskristallen
gefroren ist ___

D
Kommt bei einem Gewitter
zuerst der Donner
oder der Blitz ___

E
Zuerst blitzt es,
dann folgt der Donner ___

F
Im Winter kann man
Schlitten fahren ___

G
Wann entsteht
ein Regenbogen ___

H
Woher kommen
Wärme und Licht
auf der Erde ___

I
Die Strahlen der Sonne
erwärmen und erhellen
die Erde ___

J
Ein Regenbogen entsteht,
wenn es regnet und gleichzeitig
die Sonne scheint ___

② Schreibe drei Fragesätze aus ① in dein Heft.
Ergänze die passenden Antwortsätze.

In einem **Ausrufesatz** wird etwas ausgerufen.
Danach steht ein **Ausrufezeichen**.
Achtung, ein Radfahrer! Hurra, endlich Ferien!

① Ordne die Ausrufesätze den Bildern passend zu.

~~Hurra, endlich Ferien!~~ | Achtung, ein Radfahrer!

Kommt, wir kaufen Eis!

Gute Reise, Frau Riedel! | Toll, keine Hausaufgaben!

Hurra,

② Findet gemeinsam weitere Beispiele für Ausrufesätze.
Ausrufe können gute oder schlechte Gefühle ausdrücken,
vor Gefahren warnen oder Verbote mitteilen.

1 Ordne die Stichwörter den Schildern zu.
Schreibe passende Ausrufesätze.

~~Handy~~ | Inliner | Feuer | Schuhe | Wasser | Eis

trinken | fahren | tragen | anzünden | essen | ~~benutzen~~

Handy benutzen verboten!

2 Male selbst Schilder und schreibe Verbote dazu auf.

8 Satzzeichen einsetzen

① Lest abwechselnd die Sätze.
Tragt die passenden Satzzeichen ein.

Lisa ist mit ihren Freundinnen im Schwimmbad _._

Mara ruft: „Los, wir springen vom Dreimeterbrett ___

Bist du schon mal gesprungen ___ “

Lisa zittert und läuft langsam zur Treppe ___

Sie klettert als Letzte hinauf ___

Alle rufen aufgeregt durcheinander:

„Wer springt zuerst ___ “

„Lisa, hast du etwa Angst ___ “

„Du bist ein Feigling ___ “

„Los, spring schon ___ “

Lisas Herz klopft wie verrückt ___

Sie springt ___ Als sie auftaucht, sieht sie,

dass die anderen wieder heruntergeklettert sind ___

Sie ruft: „Selber Feiglinge ___ “

Aber sie lacht dabei ___

Lernportion 8: Sätze

Plenum: an Beispielen die unterschiedliche Betonung von Aussage-, Frage- und Ausrufesätzen beschreiben

D 11

1 In der deutschen Sprache verwenden wir viele englische und französische Wörter.

a Verbinde die englischen Wörter mit den deutschen Bedeutungen.

airport	party	flyer	team

Feier	Handzettel	Flughafen	Mannschaft

b Verbinde die französischen Wörter mit den deutschen Bedeutungen.

parcours	étage	madame	dessert

Rundweg	Nachspeise	Stockwerk	Frau

2 Betrachte die Tabelle. Finde Unterschiede der Sprachen. Besprich deine Entdeckungen mit einem Partnerkind.

Deutsch	Englisch	Französisch
die Rose	the rose	la rose
der Film	the film	le film
das Restaurant	the restaurant	le restaurant

1 Verstehst du die Dialekte? Verbinde und schreibe auf.

A Berliner Dialekt

Bolle	Brötchen
Schrippe	Flasche
Pulle	Zwiebel

Bolle – Zwiebel

B Hamburger Dialekt

Deern	Gespräch
Schnack	Flasche
Buddel	Mädchen

C Bayerischer Dialekt

Bub	Fahrrad
Semmel	Junge
Radl	Brötchen

2 Sammelt Wörter aus einem Dialekt. Ergänzt die Bedeutung.

9 Andere Schriftzeichen kennenlernen

(1) Sieh dir die Tafel mit den arabischen Schriftzeichen an.

a	ا	h	ه	i, j	ي
e	ى	k	ك	t	ت
b	ب	l	ل	weiches s	ز
p	پ	m	م	scharfes s	س
d	د	n	ن	sch	ش
f	ف	o, u, v, w	و		
g	غ	r	ر		

Im Arabischen
liest und schreibt man von
rechts nach links.

(2)

9 Wörter mit zwei Bedeutungen kennenlernen

① Teekesselwörter haben unterschiedliche Bedeutungen.
Finde mit einem Partnerkind zu jedem Wort die beiden Bilder.

Hahn | Schloss | Löwenzahn | Blatt

②

MK-Tipp: ein Teekesselchen im Internet recherchieren

1 Entziffere die Geheimschriften.

A

!etieS etztel eid tsi seiD

Dies

B

D B S E N C L U R U H

U I T I S H A E F C S !

C

A 1	B 2	C 3	D 4	E 5	F 6	G 7	H 8	I 9	J 10	K 11	L 12	M 13
N 14	O 15	P 16	Q 17	R 18	S 19	T 20	U 21	V 22	W 23	X 24	Y 25	Z 26

4 21   8 1 19 20   5 19

7 5 19 3 8 1 6 6 20 !

2

Einsterns Schwester 2

Themenheft 1
Sprachgebrauch und Sprache untersuchen und reflektieren

Herausgegeben von: Roland Bauer, Jutta Maurach

Erarbeitet von: Roland Bauer, Jutta Maurach
in Zusammenarbeit mit der Redaktion Grundschule Deutsch 2–4

Redaktion: Martina Schramm, Sabine Gerber, Milena Lemke, Kristina Meyer

Illustration: Yo Rühmer, Frankfurt am Main

Umschlaggestaltung: Cornelia Gründer, agentur corngreen, Leipzig

Layout und technische Umsetzung: lernsatz.de

www.cornelsen.de

1. Auflage, 1. Druck 2022

Alle Drucke dieser Auflage sind inhaltlich unverändert
und können im Unterricht nebeneinander verwendet werden.

Druck: Parzeller print & media GmbH & Co. KG, Fulda

ISBN 978-3-06-084862-1 (Themenheft 1, Verbrauchsmaterial)

PEFC/04-31-1308

PEFC zertifiziert
Dieses Produkt stammt aus nachhaltig bewirtschafteten Wäldern und kontrollierten Quellen.
www.pefc.de